Klévisson Viana

Biblioteca de Cordel

Klévisson Viana

Introdução
José Neumanne

hedra

São Paulo, 2014

Copyright© autoria, Antonio Klévisson Viana 2007

Copyright© desta edição, Hedra 2007

Capa
Julio Dui
sobre xilogravuras de J. Barros (capa), Marcos Freitas (lombada)
e José Lourenço (orelhas e quarta-capa)

Projeto gráfico e editoração
Hedra
Revisão
Hebe Ester Lucas

Direção da coleção
Joseph Maria Luyten

Dados Internacionais de Catalogação na Publicação (CIP)
(Câmara Brasileira do Livro, SP, Brasil)

Viana, Antonio Klévisson.
Klévisson Viana/ introdução de José Neumanne. — São Paulo: Hedra,
2007. — (Biblioteca de Cordel)

ISBN 978-85-7715-053-3

Bibliografia.
1. Viana, Antonio Klévisson   2. Literatura de cordel—Brasil   3. Li-
teratura de cordel—Brasil—História e crítica   I. Neumanne, José.
II. Título.   III. Série

01-2610   CDD-398.20981

Índices para catálogo sistemático:
1. Brasil: Cordelistas: Biografia e obra: Literatura folclórica 398.20981
2. Brasil: Literatura de cordel: História e crítica: Folclore 398.20981

[2014]
Direitos reservados em língua portuguesa
EDITORA HEDRA
R. Fradique Coutinho, 1139, subsolo
CEP 05416-011, São Paulo-SP, Brasil
+55-11-3097-8304
www.hedra.com.br

Foi feito depósito legal.

BIBLIOTECA DE CORDEL

A literatura popular em verso passou por diversas fases de incompreensão e vicissitudes no passado. Ao contrário de outros países, como o México e a Argentina, onde esse tipo de produção literária é normalmente aceita e incluída nos estudos oficiais de literatura – por isso poemas como "La cucaracha" são cantados no mundo inteiro e o herói do cordel argentino, Martín Fierro, se tornou símbolo da nacionalidade platina –, as vertentes brasileiras passaram por um longo período de desconhecimento e desprezo, devido a problemas históricos locais, como a introdução tardia da imprensa no Brasil (o último país das Américas a dispor de uma imprensa), e a excessiva imitação de modelos estrangeiros pela intelectualidade.

Apesar da maciça bibliografia crítica e da vasta produção de folhetos (mais de 30 mil folhetos de 2 mil autores classificados), a literatura de cordel – cujo início remonta ao fim do século XIX – continua ainda em boa parte desconhecida do grande público, principalmente por causa da distribuição efêmera dos folhetos. E é por isso que a Editora Hedra se propôs a selecionar cinqüenta estudiosos do Brasil e do exterior que, por sua vez, escolheram cinqüenta poetas populares de destaque e prepararam um estudo introdutório para cada um, seguido por uma antologia dos poemas mais representativos.

Embora a imensa maioria dos autores seja de origem nordestina, não serão esquecidos outros polos produtores de poesia popular, como a região sul-riograndense e a antiga capitania de São Vicente, que hoje abrange o interior de São Paulo, Norte do Paraná, Mato Grosso, Mato Grosso do Sul, parte de Minas Gerais e Goiás. Em todos esses lugares há poetas populares que continuam a divulgar os valores de seu povo. E isso sem nos esquecermos do Novo Cordel, aquele feito pelos migrantes nordestinos que se radicaram nas grandes cidades como Rio de Janeiro e São Paulo. Tudo isso resultará em um vasto panorama que nos permitirá avaliar a grandeza da contribuição poética popular.

Acreditamos, assim, colaborar para tornar mais bem conhecidos, no Brasil e afora, alguns dos mais relevantes e autênticos representantes da cultura brasileira.

Dr. Joseph M. Luyten (1941–2006)

Doutor pela USP em Ciências da Comunicação, Joseph Luyten foi um dos principais pesquisadores e estudiosos da literatura de cordel na segunda metade do século XX. Lecionou em diversas universidades, dentre as quais a Universidade de São Paulo, a Universidade de Tsukuba (Japão) e a Universidade de Poitiers (França), onde participou da idealização do Centro Raymond Cantel de Literatura Popular Brasileira. Autor de diversos livros e dezenas de artigos sobre literatura de cordel, reuniu uma coleção de mais de 15 mil folhetos e catalogou cerca de 5 mil itens bibliográficos sobre o assunto.

Joseph Luyten idealizou a Coleção Biblioteca de Cordel e a coordenou entre os anos de 2000 e 2006, período em que publicamos 22 volumes. Os editores consignam aqui sua gratidão.

Sumário

Introdução 9

O príncipe do Oriente e o pássaro misterioso 27
O cachorro encantado e a sorte da megera 57
O pecador obstinado aos pés da compadecida 81
O sangrento ataque que abalou os EUA 89
O divórcio da cachorra 105
O cantor e a meretriz 123

Folhetos de Klévisson Viana 142

Introdução

De camelô precoce a autor de TV

O poeta de bancada é, por necessidade, um pau-pra-toda-obra. Mas até nisso o cearense Antônio Klévisson Viana Lima exagerou. Se seus antecessores na arte ancestral de fazer romances em versos rimados e metrificados para as populações simples do interior nordestino se viam obrigados a ilustrar e imprimir seus folhetos, antes de dependurá-los nos cordéis para vendê-los nas feiras-livres sertanejas (daí o nome do gênero), sendo homens de sete instrumentos para sobreviver, não será exagero dizer que o tema deste livro é um homem de setenta instrumentos — ou quase. Com apenas 31 anos de idade, Klévisson, como se assina o poeta, ou "AKLÉVISSON" — como registra nos acrósticos das estrofes com que, de forma tradicional, conclui seus romances —, cria, desenha, diagrama, imprime e comercializa suas obras, além de se encarregar de fazê-lo para mais de cinqüenta outros criadores do gênero, os sem-prelo. Sem trair a tradição, ele o faz utilizando-se das técnicas mais atuais, rimando poesia com tecnologia como poucos: impressão em *offset* e marketing *up to date*.

Klévisson nasceu (em 3 de novembro de 1972) no interior do Ceará, no burgo de Quixeramobim do qual, traído pela mulher, vestindo uma bata de tecido rústico e empunhando um cajado, partiu rumo ao sertão da Bahia, onde fundaria Canudos no fim do século XIX, Antônio Vicente Mendes Maciel — que, conhecido pela alcunha de

"Conselheiro", ganharia as páginas da História e seria tema do maior clássico da Literatura Brasileira, *Os sertões*, de Euclydes da Cunha. Na Fazenda Ouro Preto (que, segundo Klévisson, os matutos locais chamavam de "Toco Preto"), aprendeu a ler como todos os meninos sertanejos na Carta do ABC. Na cidade onde nasceu, chegou até o primeiro ano do segundo grau, pois em 1980, ao completar 8 anos, mudou-se com a família para Canindé.

Fé e comércio — Como Juazeiro do Norte, Canindé é um dos centros da devoção popular da fé católica, não apenas do Ceará, mas do Nordeste inteiro. O autor destas linhas nasceu na casa avoenga, de calçada alta, na Fazenda Rio do Peixe, em Uiraúna, no alto sertão da Paraíba, em cujas paredes havia quadros de Nossa Senhora das Dores, com Padre Cícero, é claro, pois essa era a padroeira de Juazeiro, situada na região do Cariri, cujo principal pólo é Crato, e também de São Francisco das Chagas — não de Assis, nem Xavier, mas do Canindé. Este mesmo escriba foi peregrino em Canindé, levado pelos pais para pagar a promessa da cura de um tétano contraído ao pisar num prego enferrujado da tábua de uma obra no Instituto Redentorista Santos Anjos de Campina Grande, onde estudava.

Para o sertanejo, pois, Canindé é uma espécie de Meca ou Medina da fé católica, nos poderes miraculosos da fé em seu padroeiro, São Francisco das Chagas. Na Basílica, é possível encontrar de tudo o que se encontra em Aparecida do Norte, Lourdes ou Fátima: cultos religiosos, velas acesas e ex-votos. Nas proximidades dela também é encontradiço o comércio, que gira em torno de todos os lugares para os quais acorrem multidões: santeiros, vendedores de velas, artesãos que fabricam reproduções monstruosas dos órgãos pretensamente beneficiados pelos milagres, comida, bebida e bugigangas em geral. No caso específico desses centros de fé no interior nordestino, há uma natural ocorrência de artistas e poetas populares, dos desenhistas de retratos aos poetas de bancada.

De família de camponeses pobres, forçado a trabalhar para prosseguir seus estudos, Klévisson ingressou naquele mercadão ambulante aos 9 anos de idade, vendendo bombons no inverno, artigos religiosos no verão e velas no Dia dos Finados. Dessa forma, travou contato com sertanejos de todos os rincões nordestinos, peregrinos pagando promessas ou em busca de milagres no pátio da Basílica. E também se tornou amigo de cordelistas, vindos de outros vários lugares para vender sua arte aos romeiros do Canindé.

Vocação e destino — Se bem que esse universo mágico da poesia popular não era novidade para o menino. Sua avó paterna era uma pessoa esclarecida, dada a leituras, e havia inoculado no pai dele um gosto especial pelos romances de aventura, humor, conhecimento e fé, contidos nos folhetos comprados em feiras. A família era possuidora de um acervo razoável desses folhetos, que o pai costumava ler para os filhos quando voltava do trabalho duro — de sol a sol, como se diz por lá — de semear e colher no semi-árido.

Desde cedo, o pequeno vendedor ambulante manifestara também uma queda natural para o desenho. Note-se que as artes gráficas desempenham um papel de supina importância no desenvolvimento da poesia de bancada no interior do Nordeste. É necessário, aqui, abrir parênteses para lembrar que os folhetos de cordel substituíam os meios de comunicação nas vilas interioranas nordestinas, no começo do século XX. As capas dos romances reproduziam normalmente clichês, contendo fotos relativas aos fatos neles descritos, ou de artistas da moda, para o caso de episódios de amor ou versões simplificadas de clássicos da literatura, principalmente da literatura européia medieval. A necessidade de chegar logo ao público, sem ter de esperar a demorada viagem dos clichês das gráficas dos jornais da capital até o interior, levou os poetas e gráficos a recorrerem a santeiros e outros artistas populares, encomendando-lhes xilogravuras, que passaram a substituir os clichês nas capas dos folhetos dos anos 1930 para cá. Mas, como lembra o próprio Klévisson em entrevistas dadas a jornais do Brasil ou do Exterior, ou mencionam pesquisadores acadêmicos do tema, até hoje o público tradicional sertanejo prefere as capas com clichês às xilogravuras, favoritas, por sua vez, seja dos turistas nacionais ou estrangeiros, seja desses pesquisadores de Universidade, brasileiros ou estrangeiros.

Os parênteses, aqui fechados, foram necessários para esclarecer que a vocação, que se tornaria destino, do camelô infante de Canindé, também tinha a ver com seu convívio com mercadores do pátio de milagres da Basílica, na infância e na pré-adolescência. E foi dessa mistura de artista e comerciante que nasceu o precoce promotor e agitador cultural canindeense do final dos anos 1980. Aos 14 anos de idade, ele já fazia ilustrações para jornais de bairro daquela cidade. E antes de deixar a terra de adoção, passando a viver desde o último decênio do século XX na capital do Estado, Fortaleza, usou sua experiência de vendedor ambulante para promover, ainda adolescente, salões de humor e outros eventos culturais na cidade que deixaria para continuar a perseguir seu destino num centro mais apropriado (e mais avançado) a seu enorme talento e vocação inexoráveis.

Humor e amor – Após mudar-se para Fortaleza, Klévisson passou a fazer parte do verdadeiro contingente de humoristas cearenses que invadiu o Brasil, daqueles tempos para cá. "O povo daqui é extremamente alegre, apesar das desgraças que sofre", definiu, com exatidão, o conterrâneo de Chico Anysio, Falcão e Tom Cavalcante. E foi durante o reinado desses conterrâneos nos shows humorísticos de televisão, teatro e música popular, que ele se tornou ilustrador do jornal *O Povo*, de Fortaleza, de 1990 a 1995: "Sem dúvida alguma, (essa) foi a minha grande escola", informa.

Sua carreira de desenhista, iniciada precocemente, tem sido, sem favor algum, brilhante: em 16 anos de carreira, assinou dezenas de capas e ilustrações de livros e folhetos de cordel. Foi editor, com o jornalista Tarcísio Matos, da página *Muro Baixo*, com charges, *cartoons*, caricaturas e piadas em textos, em outro jornal de Fortaleza, a *Tribuna do Ceará*. Nela publicou, além de seus desenhos, frases que denunciam seu talento para o humor escrito, tais como esta: "O cúmulo do ecologismo é comer flores, para enfeitar os vasos sangüíneos"...

Vendo o irmão Arievaldo Viana desenhar tiras de *comics*, ele descobriu seu talento de quadrinista, com o qual se tornaria vencedor do prêmio nacional HQ Mix, o mais importante do País no gênero, na categoria *graphic novel*, com sua historieta *Lampião... Era o cavalo do tempo atrás da besta da vida*, cuja edição (de início, por ele mesmo bancada, mas disso aí se tratará mais adiante) já vendeu mais de dez mil exemplares.

A historieta (cuja segunda edição foi lançada pela Hedra) narra o massacre de Angicos, a grota sergipana em que as tropas policiais, sob o comando do Tenente Bezerra, deram cabo, em 1938, de Virgulino Ferreira da Silva, o Lampião, de sua Maria Bonita e do núcleo de comando do grupo de cangaceiros mais famoso de todos os tempos. Com linguagem cinematográfica, técnica visual irrepreensível e uma pesquisa semântica (ele diz ter levantado quatrocentas expressões de gíria sertaneja para escrever os diálogos dos quadrinhos) e iconográfica muito cuidadosa (o último capítulo — intitulado "Cacarecos, catrevagens e garatujas" — do livreto reproduz as vestimentas e utensílios dos cangaceiros e seus coiteiros e vítimas), ele atingiu seu objetivo de mostrar ao público leitor as diferenças existentes entre Tom Mix e Corisco. Para quem achar estranha essa afirmação, talvez seja útil informar que a transformação do cangaço em *western* brasileiro tem propiciado uma estranha simbiose entre o vaqueiro do Oeste norte-americano e o bandoleiro do Nordeste brasileiro, não apenas para as populações do Sudeste e do Sul distantes, mas também para o próprio público nordestino.

A pesquisa acurada dessa "saga em quadrinhos de Klévisson" — que inclui a leitura de 26 livros, dezoito artigos de jornais e revistas e sete folhetos de cordel, além da visão de treze filmes, entrevistas pessoais com Vera Ferreira, neta de Lampião, e com o especialista Antônio Amaury Corrêa de Araújo, e até a participação num simpósio sobre o tema, na Fundação Memorial Padre Cícero em Juazeiro do Norte, Ceará — levou a Secretaria de Educação do Estado de São

Paulo a adotar a obra como "material paradidático". E foi um condão para o autor, como revela, ao reconhecer: "Esse trabalho abriu inúmeras portas. Tive matérias publicadas em jornais e revistas de todo o Brasil".

Ele mereceu o comentário entusiástico do especialista paulista Álvaro de Moya, em sua introdução: "É extremamente saudável quando vemos uma produção nacional fora do eixo Rio-São Paulo. Seja no cinema, teatro, música, balé ou qualquer outra área artística. A cultura brasileira deve se manifestar em todos os pontos do País. Aqui, neste caso, temos uma história em quadrinhos concebida e realizada em Fortaleza, Ceará. E com uma temática telúrica, nascida da terra castigada. Celeiro dos problemas sociais graves, distorcidos pela exploração do homem pelo homem. A Guerra de Canudos, a Marcha de Prestes e verdadeiras obras-primas da literatura nasceram aqui. Também a revolta popular dos cangaceiros, cujo nome mais famoso é enfocado pelo artista Klévisson: Lampião. Com um traço pessoal e um enfoque original, linguajar característico e grande pesquisa, Antônio K. Viana Lima conseguiu um trabalho uno e impressionante".

O romanceiro do camelô infante – A primeira edição da obra premiada foi de uma então desconhecida gráfica e editora cearense, a Tupynanquim Aldeia, Mídia & Tal, fundada e tocada pelo próprio artista em sociedade com alguns amigos, entre os quais o irmão Arievaldo, cuja parceria resolveu cumprir outro objetivo de sua vocação e destino: "Eu tenho necessidade de passar adiante as histórias que ouvia sobre o sertão. Contá-las, antes que as apagasse da memória". E foi assim que o ilustrador, caricaturista, chargista, cartunista e frasista de jornais, além de autor de projetos gráficos de várias publicações para a Unicef e conterrâneo do letrista e parceiro de Fagner Fausto Nilo (natural de Quixeramobim, sim, senhor) se tornou também poeta e editor dos próprios folhetos de cordel — e não apenas dos dele, mas também dos escritos por outros: mais de cinqüenta poetas do Brasil inteiro, que fazem parte do catálogo da editora, cuja marca explicita a paixão do proprietário pela palavra. Pois é uma fusão de "tupiniquim", o indígena da tribo que se tornou sinônimo de brasileiro, para o bem ou para o mal, com "nanquim", a tinta chinesa usada pelos ilustradores e cartunistas para a realização de seus trabalhos.

A Tupynanquim foi criada numa época em que são cada vez mais raros os prelos de cordel pelo interior do Nordeste. No fim do século passado, o professor Átila Almeida e o poeta popular José Alves Sobrinho fizeram uma paciente e detalhada incursão pelos sertões nordestinos em busca delas e só encontraram praticamente lembranças. Os velhos prelos sumiram — e com eles, os verdadeiros poetas de bancada, reunidos numa preciosa *Biobibliografia* que esses dois denodados especialistas realizaram para a Universidade Regional do Nordeste, em Campina Grande, Paraíba. O próprio Klévisson, que se tornou um especialista no assunto, é capaz de contar os sobreviventes na ponta dos dedos: além dele próprio, os renitentes José João dos Santos, o célebre Mestre Azulão, Elias A. de Carvalho, Bule-Bule, Gonçalo Ferreira, José Costa Leite, José Mapurunga, seu irmão Arievaldo Viana Lima, Rouxinol do Rinaré, Vidal Santos e Manoel Monteiro, que escreve clássicos do romance de bancada, manuais para a sobrevivência de diabéticos e livretos de ocasião, além de lutar para criar, em Campina Grande (PB), um monumento ao poeta popular.

O ouvinte atento dos folhetos da avó em Quixeramobim, camelô precoce de Canindé, criador dos salões de humor de Canindé e Fortaleza e competidor da Luzeiro (editora paulistana que ainda reúne o acervo mais completo dos clássicos do gênero no Brasil, a mais de 2 mil quilômetros de seu público original, mas no centro da diáspora nordestina, o bairro do Brás, na maior metrópole nacional) merece estar nessa plêiade. Uma antologia de seus versos de divulgação ou de ocasião, nesta edição, lhe dará, preclaro leitor, uma idéia aproximada da variedade do talento desse romancista, repórter e versejador, que lamenta não ser repentista, por falta de coragem (o que significa que não lhe falta talento).

Improvisos sobre realidade e fantasias de ficção — Com a mesma pertinácia com que andou remexendo na memória do sertão do cangaço, Klévisson fuçou a tradição da poesia popular de bancada e se aventurou por todos os gêneros. Nada escapou à sua argúcia e à sua verve. Como cordelista, ele é:

1 – **O repórter** – Como já teve este escriba, que abusa de sua paciência de leitor, ocasião de observar, um veio importante da tradição cordelística sertaneja é o improviso sobre a realidade. Sem jornais que circulassem no interior, sem acesso às transmissões radiofônicas e ainda sem televisão, os sertanejos tomavam conhecimento dos fatos cotidianos ou históricos através dos romances que adquiriam nas feiras livres semanais de suas acanhadas cidades.

Numa prova de que, de repentista, Klévisson tem o talento, embora lhe falte a coragem de improvisar em cima dos rigorosos cânones da cantoria poética, ele não tem deixado escapar fato relevante que lhe mova o estro.

Lembre-se o preclaro leitor do jegue impávido que levou mísseis ao alvo desejado por seus donos, terroristas iraquianos, desafiando o poderio militar americano, causando tumulto nas ruas da Bagdá invadida e passeando pelo meio daquele caos todo, como se nada tivesse com a hora do Brasil, como diz o povo dos sertões daqui. Pois bem, ao que saiba este introdutor, até escrever este texto, essa imagem da impotência do poder continua inédita nos versos de Klévisson. Mas, numa evidência de que poesia e profecia são mais que rimas, o jovem versejador cearense não deixou escapar a notícia de jumentos vendidos a R$ 1 real a cabeça, que considerou pejorativa e foi dada no programa de Jô Soares na Rede Globo. E produziu, em parceria com o irmão Arievaldo, o irresistível folheto *Carta de um jumento a Jô Soares*. A carta teria sido ditada a Rachel de Queiroz, conterrânea de Klévisson recentemente falecida, em sua fazenda Não-Me-Deixes. Aqui reproduzo um verso do recado, dado ao humorista de TV pelo humorista do cordel:

"Às vezes eu me pergunto
Como simples animal
Sem nós o que é que seria
Da História Universal?
Trabalhamos pra valer
E vem você nos dizer
Que só valemos um real?"

E para não dizer que o jegue de Bagdá foi esquecido pela concorrência desleal do jegue do Ceará, é útil que se registre que não passou despercebida ao poeta a invasão, pelos americanos, daquele país asiático. Ela foi registrada em versos por ele, numa parceria com Geraldo Amâncio, *O conflito do Iraque e os três tiranos da guerra*:

"George Bush está querendo
Ser, de Deus, substituto;
Pra ele, só ele é dono
Do poder absoluto,
Só ele é quem é legítimo:
O resto é subproduto".

Da mesma forma, como não lhe havia passado sem registro o fato mais importante da História deste século XXI (e pretexto para a invasão do Iraque pelo "César" Bush) – os atentados terroristas que demoliram as Torres Gêmeas em Nova York e parte do Pentágono, em Washington, em 11 de setembro de 2001. Em mais uma parceria com Arievaldo, Klévisson registrou:

"Milhares de inocentes
Perderam a vida num dia
Vítimas de um atentado
Retrato da tirania
Conflito, ódio e vingança
Formaram esta alquimia."

Com as limitações impostas pelas dimensões desta apresentação (até por não querer ocupar o espaço que o leitor teria lendo as obras selecionadas do próprio autor), convém ainda chamar a atenção para alguns registros que o poeta-repórter fez, de fatos importantes da História contemporânea do Brasil: a morte do prefeito de Santo André e coordenador do programa de governo da campanha de Lula, do PT, à Presidência da República, Celso Daniel, e a vitória do próprio Lula, na eleição presidencial de novembro de 2002.

Eis aqui uma estrofe de *A peleja de São Paulo com o monstro da violência*, em parceria com Téo Azevedo, para dar uma idéia da agilidade do repórter cordelista, que versejou sobre o apagão, no momento em que ele ocorria e que, no meio da confecção deste folheto, registrou um fato corriqueiro, para dar exemplo de como o tema o assaltava, em plena Terra de Piratininga:

"Enquanto a gente escrevia
Esta história de cordel,
Do sétimo andar assistimos
Ao roubo de um Corcel:
Já era de madrugada,
Sem podermos fazer nada
Contra o bandido cruel."

Agora outra estrofe, desta vez de *A grande vitória de Lula – o Brasil sem medo de ser feliz*:

"O que nosso povo espera
É um Brasil soberano
(Uma Pátria bem mais justa)

E um líder mais humano,
Pra livrar nosso povo
Do amargo desengano".

2 – **O romancista** – Se não chegavam jornais ao interior nordestino, também não sobravam livros por lá, a não ser nas casas paroquiais (numa delas, este escriba aprendeu a amar as letras) ou nas inacessíveis (até aos próprios donos) bibliotecas particulares das elites dominantes. O povo, que freqüentava as feiras livres, encantava-se com as histórias de Sherazade das 1001 noites e de duques e donzelas medievais, pelas versões que delas faziam os grandes cordelistas, entre os quais os preferidos de Klévisson – Leandro Gomes de Barros, o maior de todos e por ele biografado num folheto –, José Pacheco, José Camelo e Joaquim Batista de Sena etc.

O jovem cearense mostra-se um fabulador à altura de clássicos como *O pavão mysteriozo* ou *O país de São Saruê*, ao recriar as viagens de aventuras de Hércules e outros heróis mitológicos, a partir de padrões fixados na literatura medieval européia e reproduzida nos folhetos de cordel de antigamente. Merecem ser destacados dois títulos de escol: *O boi dos chifres de ouro ou O vaqueiro das três virtudes* e *O príncipe do Oriente e o pássaro misterioso*, que se tornam merecedores, desde sua publicação, de figurar em qualquer antologia do gênero que seja digna dessa denominação.

Eis, como exemplo, a penúltima estrofe do segundo romance de ficção:

"Mariana e Tranqüilino,
Muito felizes, casaram...

Do mesmo ouro do chifre,
Os anéis encomendaram
(Dinheiro e felicidade
Do velho e do boi herdaram)".

3 – **O quengo** – O chifre, não o de fantasia, de ouro, do boi desse romance, mas o metafórico, é tema de outro gênero em que Klévisson se destaca (como, aliás, já foi insinuado no início deste texto): o humor, danação de cearense. Os "quengos", definição dada para os amarelos que conseguem driblar a desgraça com jeito e graça, tornaram-se famosos com sua celebração em *O auto da Compadecida*, momento mais alto da comédia teatral brasileira, em que o mestre Ariano Suassuna consagra Chicó e, principalmente, João Grilo, amarelo, cuja saga celebra a substituição da valentia de vaqueiros mitológicos, como Tranqüilino, em sagacidade. No reino de Pedro Malazartes, Cancão de Fogo, Bocage e Camonge (sim, os poetas portugueses viraram "quengos" no sertão), Klévisson pontifica. São de sua autoria obras como *Viagem ao país de São Cornélio*, na qual, sob o pseudônimo de Espírito de Antenor Galhudo, glosa a traição conjugal, tema recorrente no humor popular, *O cantor e a meretriz ou a puta que comia fotos do ídolo*, *Viva a Vaia! O dia em que o Ceará mangou do Sol* ou, ainda, *O rapaz que namorou com a velha dos papangus pensando que era a Carla Perez*. A meio caminho entre humor e reportagem, situa-se *Martírios de um alemão ou O conto da Cinderela (A comédia do turismo sexual)*.

4 – **O historiador** – Klévisson e seus parceiros também fizeram incursões na área da história e da biografia, abordando assuntos que vão do cangaço (*A história com-*

pleta de Lampião e Maria Bonita, em parceria com Rouxinol do Rinaré, com quem também assinou *Os sertões de Conselheiro de Euclides e Gereba*) ao cinema (*Charlie Chaplin, o Carlitos: do Big Ben à Coluna da Hora*).

5 – **O inventor de episódios** – A reprodução de desafios de repentistas (pouco importando se ocorreram ou foram inventados) tornou-se um gênero importante, mormente por causa do extraordinário sucesso alcançado pelo folheto contando a peleja entre o Cego Aderaldo e Zé Pretinho. Klévisson também freqüenta o gênero, com *A insustentável peleja de Zé Maria de Fortaleza com Calixtão de Guerra, A grande peleja virtual de Klévisson Viana com Rouxinol do Rinaré, A grande peleja de Beneval com José Mota Pinheiro* etc.

6 – **O adaptador** – Outro hábito freqüente entre os cordelistas é o da adaptação, não apenas de romances clássicos da literatura medieval européia ou clássica grega, mas dos próprios colegas folhetistas. Klévisson também não deixou de visitar o gênero, indo de Homero (*Helena de Tróia e o cavalo misterioso*) a Zé Pacheco (cujo clássico *A festa dos cachorros* teve continuação no seu *O divórcio da cachorra*), passando por *A história de João e o pé de feijão*.

Da feira livre à telinha – Para não tornar essa introdução ainda mais cansativa do que já ficou, convém encerrar, lembrando que não apenas Jô Soares atendeu ao apelo do cordelista ("Espero que tenha espaço / Na sua televisão / Para ler minha cartinha", reza o folheto *Carta de um jumento a Jô Soares*), levando-o ao programa, para deleite da platéia, como a Rede Globo adaptou para a série televisiva *Brava Gente* um romance de autoria do assunto deste texto — *A quenga e o delegado*, cuja última estrofe reza (em acróstico, como convém):

"Às portas do cabaré
Klévisson cantou no verso,
Lançando, então, com sucesso,
Essa saga genial;
Vale ela contra o Mal —
Isso sim é que é cordel!
Sentido, prumo e papel,
Sérgio Braga confirmou:
O delegado findou
No caldeirão de Lusbel".

Esse folheto faz parte do catálogo da editora, com quase três centenas de títulos e, ao ser adaptado pela televisão, mostra que Antônio Klévisson Viana Lima usou a vocação e cumpriu seu destino para confirmar o que disse em entrevista a Sylvie Debbs, autora de um texto de apresentação desta coleção, publicada na revista francesa *Lattitudes*: "(O cordel) é uma arte viva. Enquanto houver poetas no Nordeste, haverá cordel!"

Amém, poeta! Amém, nós todos!

José Neumanne, sertanejo de Uiraúna, Paraíba, é jornalista, escritor, poeta, editorialista do *Jornal da Tarde*, além de comentarista da rádio *Jovem Pan* e do *SBT-Sistema Brasileiro de Televisão*.

Além de tudo o que já ficou aqui dito, Klévisson participa das seguintes entidades:

ABC – Academia Brasileira de Cordel (Fortaleza, CE), como 1º Tesoureiro;

SBEC – Sociedade Brasileira de Estudos do Cangaço (Mossoró, RN), como sócio (identificado com o nº 81); e

ABLC – Academia Brasileira de Literatura de Cordel (Rio de Janeiro, RJ), membro eleito para a cadeira nº 11, cujo patrono é o poeta José Pacheco, autor do clássico *A chegada de Lampião no Inferno.*

O príncipe do Oriente e o pássaro misterioso

Velho gênio do Saara
De poder maravilhoso
Dai-me luz de sua lâmpada
Na história de Trancoso
O príncipe do Oriente
E o pássaro misterioso.

Num reinado bem distante
Em uma nação potente
Morava um velho sultão
Homem honrado e decente
Com três filhos já criados
Levava a vida contente.

Abi Xedi era o nome
Do poderoso sultão
O filho mais velho, Abul,
O segundo Salomão,
O terceiro era Irã
Moço de bom coração.

Seu palácio era belíssimo
Ricamente ornamentado
Com colunas de marfim
De arabesco dourado
Os jardins eram suspensos
Orgulho do potentado.

Aquele rico palácio
Possuía um jardim
Tão mimoso, que ninguém
Jamais vira outro assim
Muitas flores, tantas plantas
Papoula, rosa e jasmim.

No meio das plantas havia
Uma exótica macieira
Que dava frutos dourados
De todas era a primeira
E cada fruto valia
Por uma fortuna inteira.

À noite, um lindo pássaro
Sempre, sempre aparecia
Para bicar as maçãs
Que naquela árvore havia
Era um pássaro de fogo:
De madrugada fugia.

O poderoso sultão
Ficou triste, desolado
Ao ver que suas maçãs
O pássaro tinha bicado
Prometeu a qualquer filho
Metade do seu reinado.

Quem capturasse o pássaro
Ganharia com certeza
Metade do grande reino,
Pois decretava Sua Alteza
Que, depois de sua morte,
Herdaria a realeza.

Os três filhos exclamaram:
"Querido pai, é um dever
Nos faremos qualquer coisa
Para não se aborrecer
Prenderemos o tal pássaro
Para lhe satisfazer".

Naquela noite, Abul
Que era o filho primeiro
Ficou esperando o pássaro
Aparecer no terreiro.
Não tardou a adormecer
Da ave não deu roteiro.

Enquanto ele ressonava
O pássaro veio comer
Chegou-lhe um sono profundo
E nada pôde fazer.
O pássaro misterioso
Ele não conseguiu ver.

Quando na manhã seguinte
O sultão apareceu,
Conferindo a macieira,
Quase de susto morreu:
Foram mais de vinte frutos
Que o tal pássaro comeu...

O príncipe Salomão,
(Que era o filho segundo)
Foi lá na noite seguinte
Mas teve um sono profundo
O pássaro veio e comeu,
Não deu notícia do mundo.

O velho, desesperado,
Não sabia o que fazer.
A cada dia via o seu
Pomar desaparecer.
Não prenderam o dito pássaro
Não lhe deram este prazer.

Chegou a vez de Irã
(Dos filhos era o mais moço)
Vigiar se o tal pássaro
Naquele jardim colosso
Vinha comer as maçãs.
Ficou o rei em alvoroço.

Na formosa macieira
Deitou-se o príncipe Irã
Esperando o belo pássaro
Vir buscar uma maçã
Para então capturá-lo
Satisfazendo seu afã.

Às duas da madrugada
Irã, já muito cansado,
Meio cochilando, viu
Grande pássaro dourado
Tão lindo, que o jardim
Ficou todo iluminado.

Lá no jardim do sultão
— Invadira o seu pomar —
Era o pássaro que chegava,
Para provar o manjar:
Degustava uma maçã
Apurando o paladar.

Então o belo animal
Fez da copa seu poleiro
Ao alto da macieira
Irã subiu sorrateiro
A ave, tão entretida
Não sentiu sequer seu cheiro.

O príncipe pegou na cauda
Do pássaro misterioso
E quando o ia puxando
Ouviu-se um grito assombroso:
Irã despencou do galho,
Caindo no chão frondoso.

O pássaro saiu voando.
A queda não foi pequena,
Porém, nada ele quebrou:
A grama tornou-a amena.
Constatou que, em suas mãos,
Brilhava uma linda pena.

Quando o sultão acordasse,
Irã mostrar pretendia,
A pena do belo pássaro
Que luz brilhante irradia...
Levou-a a um salão escuro:
Ficou claro como o dia.

O sultão muito contente
Com o achado original
Pôs a pena guarnecida
Por toda a guarda real.
Cresceu sua confiança
Naquele filho leal.

Logo após aquele dia
A ave desapareceu
E o jardim por encanto
De viçoso, esmaeceu
Murcharam todas as plantas
E a macieira morreu.

O sultão, sofrendo aquilo
E sem poder fazer nada,
Mais uma vez Sua Alteza
Reuniu a filharada,
Dava metade do reino
Se visse a ave encantada.

Os dois primeiros rapazes
Invejavam o mais moço,
Por ter conseguido a pena
Guardando-a dentro do bolso.
Presenteando-a ao pai
Fez valer o seu esforço.

Preferiram então, os dois,
Partirem juntos atrás
De encontrar a tal ave.
Consideravam-se os tais
Recusaram a Irã
Por não achá-lo capaz.

Irã ficou na vontade
De também se aventurar,
Trazer o pássaro que o pai
Só vivia a desejar.
Pediu permissão ao velho
Para poder viajar.

O sultão, a contragosto,
Liberou o seu filhinho.
Irã foi se preparando:
Tomaria outro caminho.
Passou a noite com o velho
E partiu logo cedinho.

Muitos dias se passaram
Caminhou, que caminhou.
Foi chegando num rochedo
E uma mensagem avistou.
Era em escrita antiga
Mas Irã a decifrou.

O que dizia a mensagem
Causou-lhe forte arrepio:
"Aquele que seguir reto
Passará fome e frio,
Sofrerá privacidade
Terá destino sombrio".

Seguia a mesma mensagem,
pois assim estava feita:
"Ficará são e salvo
Quem virar para a direita.
Mas se o cavalo morrer,
É o prelúdio da desfeita".

E, por fim, assim dizia:
"Quem para a esquerda viajar,
Com certeza será morto!
Se o cavalo escapar
Para provar que é verdade".
Nada mais a acrescentar.

Irã tomou à direita
Pensando em se preservar.
Se morresse seu cavalo,
Outro podia encontrar.
Cavalgou o dia inteiro,
Sem nada a lhe atrapalhar.

No terceiro dia, Irã
Montando o acampamento
Ouviu um estranho uivo,
Era de um lobo cinzento.
Nessa hora, Irã tremeu
Quase sofre um passamento.

Então, disse o tal lobo
Num tom de voz de estalo:
— Você chegou muito perto,
Mas matarei seu cavalo!
Matou e comeu ligeiro
Sem sequer saboreá-lo.

Desapareceu o lobo
Irã ficou transtornado.
Andou a pé o dia inteiro
Depois deitou num roçado
Para poder descansar.
E quando estava deitado...

Apareceu-lhe uma sombra:
Era o lobo, arrependido
Chegou pertinho e pediu-lhe
Perdão pelo ocorrido.
O príncipe o perdoou,
Embora muito sentido.

O lobo disse: — Eu lhe levo,
Já que comi seu cavalo
Aonde você quiser ir,
Com certeza irei levá-lo.
Cruzou serras, cruzou montes
Correndo num grande embalo.

Já era tarde da noite
Quando chegaram a um muro
O lobo disse: — Irã, suba,
Para ver se é seguro.
O pássaro deve estar lá,
Apesar de estar escuro.

— Agora, meu caro príncipe,
Me escute, preste atenção:
Pegue o pássaro sem gaiola,
Para não dar confusão.
Se não agires direito,
Soldados o prenderão.

Irã subiu na muralha
Para o outro lado saltou.
Estava mais que contente,
Com tudo o que avistou.
Quando viu linda gaiola
Não mais no lobo pensou.

Tudo estava em silêncio
Com cautela ele chegou
Dentro estava a bela ave
Que ao vê-lo, nem piou
Irã esqueceu de tudo
Pássaro e gaiola pegou...

Então um sonoro alarme
Ecoou pelo jardim:
Os guardas prenderam Irã
E o levaram, por fim,
À presença de um rei
Cujo nome era Ibraim.

Pergunta o rei, furioso:
— Você, vergonha não tem
De vir aqui me roubar
O pássaro que quero bem?
Me diga, qual o seu nome
E o lugar de onde vem!

O moço estava assombrado
Mas falou, então, ali,
Que era filho de um sultão
Chamado de Abi Chedid.
Explicou toda a história
Para o rei e o grão-vizir.

O rei, então, retrucou
Ao jovem, assim de repente:
— Se estás preso, é porque
Não agistes corretamente.
Até lhe daria o pássaro
Se o pedisses honestamente!

— Irã, imagine eu
Que mágoa iria guardar?
E se meus súditos soubessem
O que iriam pensar?
De um jovem príncipe que
Leva tudo que encontrar?

— Porém, dou-te uma chance
Para da pena escapar:
Se cumprires a tarefa
De que agora vou falar,
Dou-te pássaro e gaiola
Você os poderá levar!

— E então, meu caro príncipe,
Escute, preste atenção:
Vá ao reino de Afron,
Me traga seu alazão.
É um de crina dourada,
Faremos a troca então!

Com tristeza, o príncipe Irã
Foi cumprir o prometido.
Encontraria o cavalo
E o traria, no sentido
De reaver o belo pássaro
E levá-lo ao pai querido.

Disse o príncipe para o lobo:
— Caro amigo, estou perdido!
Explicou toda a história
Se mostrando arrependido.
Disse o lobo: — Já está feito,
Chorar não faz mais sentido!

O lobo, como um relâmpago,
Partiu. Rápido como o vento,
Entrou na boca da noite.
Zunindo igual pensamento,
Em poucos minutos estava
Junto a um castelo opulento.

O lobo disse a Irã,
Vendo os guardas dormindo:
— Vá e traga o alazão,
Mas deixe o arreio lindo!
Tendo em mãos o animal,
Dali, logo, vá partindo!

O príncipe Irã, no estábulo
Quando viu o tal arreio,
Pegou-o, apesar do lobo.
Não pensou no aperreio
Não lembrava do passado
Não puxou da mão o freio.

Naquele instante, um ruído
Como vidro se partindo
Acordou todos os guardas
Que ali estavam dormindo.
O moço foi logo preso
Levaram-no, reprimindo.

Na presença do rei que
Por Afron era chamado,
Ali, naquele momento,
Mais uma vez interrogado,
Explicou toda a história
Como tinha se passado.

Ainda que o rei Afron
Fosse um monarca justo,
Não se conformava que
Um príncipe jovem e augusto
Tomasse tal atitude
Causando-lhe aquele susto.

— Perdoarei o seu crime,
Porém, com uma condição:
Vá buscar Helena — a Bela —
A quem dei meu coração.
Trazendo-a para mim,
Encerrarei a questão.

— É esta a sua missão.
E, se cumpri-la a contento,
Lhe darei o alazão
Que é leve como o vento,
Que tem a crina dourada
E possui belo ornamento.

Irã prometeu ao rei
Que lhe traria a princesa.
Saiu dali resmungando,
Sem mostrar qualquer presteza.
Lá na frente viu o lobo
Que lhe falou com franqueza.

O lobo disse: — Está vendo?
Se você tivesse ouvido
A minha orientação,
Não teria então sofrido!
Porém vou lhe ajudar,
E esquecer o ocorrido.

Rapidamente Irã pulou
No dorso do grande lobo.
O animal pensou consigo:
— Este jovem é muito bobo,
Se não fosse a minha ajuda
Seria preso por roubo.

Saíram dali correndo
Irã e o lobo cinzento.
Corriam por sobre as nuvens
Balançando o firmamento.
Chegaram a um belo reino
Tudo em fração de momento.

Disse o lobo: — É neste reino
Que mora Helena, a Bela.
Neste mundo, nunca houve
Tal beleza como a dela.
Vou mostrar como se age:
Me espere na cancela.

Naquela hora, a princesa
Passeava no jardim.
Passando perto do lobo,
Ele agarrou-a, e assim
Foi levada em suas costas
Ao reino de Ibraim.

Na passagem ele pegou
O príncipe Irã, que o esperava.
Juntamente com a princesa
Cruzaram a mata brava.
Romperam de manhãzinha,
Quando a aurora chegava.

Mas o sopro do amor
Seduz qualquer criatura.
Soprou nos principezinhos
O carinho e a ternura:
Ficaram enamorados
No calor da aventura.

Ao chegarem ao palácio
Do dito rei Ibraim,
Irã caiu logo em prantos.
Chorava, dizendo assim:
— Ó Alá Onipotente,
Tenha compaixão de mim!

Quis logo o lobo saber
Do seu choro a razão.
Ele disse: — Meu amigo,
Estou louco de paixão!
Gostei tanto de Helena
Que entreguei-lhe o coração!

— Nosso amor já é tão grande,
Embora seja recente.
Mas para limpar a honra,
Numa atitude decente,
Entregarei minha bela
Àquele rei imprudente!

— Só preciso conseguir
Aquele belo cavalo.
Pelo pássaro dourado,
Meu desejo é trocá-lo,
Pois o meu querido pai
Não quer morrer sem tocá-lo!

Esse lobo era um gênio
Benfazejo e encantado.
Sua missão era ajudar
Quem se achasse enrascado.
Cumprindo sua missão,
Seria desencantado.

Disse o lobo: — Mais uma vez
Eu desejo ajudá-lo,
Me transformando em Helena.
É o jeito de enganá-lo,
Você com o rei Afron
Me troca pelo cavalo!

O lobo se transformou:
Ficou igual à princesa.
Irã, rápido, o levou
De presente à realeza.
O rei ficou tão contente,
Deu-lhe o alazão com fineza.

Disse o lobo: — Leve Helena
Montado no alazão,
Quando estiveres distante,
Não peque por omissão.
Pense em mim, para que eu possa
Voltar à forma de um cão.

Irã, com a sua amada
Partiu. Com ela na frente,
Montados no ágil cavalo,
Palestravam alegremente.
Irã lembrou-se do lobo,
Amigo muito decente.

De repente, o grande lobo
Apareceu de surpresa
E disse: — Meu caro Irã,
Dê o cavalo à princesa
E siga nas minhas costas,
Para ganhar ligeireza!

Quando estavam bem perto
Do reino de Ibraim,
O príncipe pediu ao lobo
Mais um pedido, por fim:
— Transforme-se num ginete,
Deixe o cavalo pra mim.

O lobo, obediente,
No cavalo se virou.
Irã com o rei Ibraim
Pelo pássaro o trocou.
O rei, por estar feliz,
Até a gaiola entregou...

Irã seguiu no alazão
Levando a bela Helena,
A gaiola e o pássaro.
Feliz, com sua pequena,
Lembrou-se do lobo amigo
E fê-lo voltar à cena.

O lobo se apresentou
Novamente para Irã.
Então seguiram viagem,
Pois era bela a manhã.
Irã, do lobo encantado,
Já tinha virado um fã.

O caro leitor se lembra,
Daquele mesmo lugar?
Onde Irã perdeu o cavalo
O lobo o quis devorar?
Pois nessa mesma planície
Ele voltou a passar...

Então, no mesmo lugar
O lobo falou a si:
— Meu querido amigo Irã,
Volte para Abi Chedid!
Fui seu servo mais fiel
Mas vou ficar por aqui.

Dizendo estas palavras,
O bravo lobo cinzento
Dali desapareceu,
Tão rápido, como o vento.
Comovido com a partida,
Irã ficou em lamento.

Irã e a bela Helena
Continuaram a viagem.
Os dois enamorados
Naquela camaradagem,
Decidiram descansar
Numa belíssima paisagem.

Ataram o seu cavalo
Numa árvore bem ao lado.
Deitaram-se, então, na grama
Caíram em sono ferrado
Ouvindo o canto lírico
Do pássaro encantado.

Deixemos o príncipe Irã
Curtindo a Mãe-Natureza
Com a bela princesinha
Para saber, com certeza
O que ocorreu aos irmãos
Dotados de avareza.

Pois Abul e Salomão
Vagaram por todo canto.
Andaram por tantos reinos
Que chega a causar espanto.
Voltavam de mãos vazias,
Covardes do mesmo tanto...

Se depararam com Irã
Dormindo com sua amada.
Pegaram logo o cavalo
Levaram a ave encantada,
E a princesa Helena
Por eles foi raptada.

Salomão deu uma pancada
Na cabeça do irmão
Que se encontrava dormindo.
Nem esboçou reação.
Nem sequer se defendeu
Da sanha da ambição.

Jogaram-no num buraco
Que havia nos arredores,
Para então ser devorado
Por outras feras maiores,
E saíram planejando
Coisas ainda piores.

A princesa, revoltada
Por maldade como aquela,
Disse para os mercenários:
— Me chamo Helena — a Bela.
Vocês pagarão bem caro
E morrerão numa cela!

— Se fossem bravos guerreiros
De comportamento fino,
Dariam a Irã a chance
De defender seu destino.
Só age assim quem é
Infame, vil e cretino!

— Ao invés, mataram-no
No mais doloroso estado!
Se tivessem bons princípios,
A ele tinham poupado!
Davam direito ao irmão
Por haver me conquistado!

Ouvindo isso, Abul
Ameaçou a menina
Com o gume da espada.
Numa atitude ferina,
Prometeu que a matava
E encerrava sua sina.

Tiraram logo na sorte
A ver qual dos dois ganhava
A mão da linda princesa
E com ela se casava.
Quem a ganhou foi Abul
Porém, ela o detestava.

Deixemos os dois de lado,
(Cada qual mais invejoso)
Para saber de Irã.
No estado doloroso,
A que ficou confinado
Naquele chão tenebroso.

Mas, por sorte de Irã,
O velho lobo querido
Que o vigiava, atendeu
O príncipe desfalecido.
Deu a ele uma poção
Que recobrasse o sentido.

Nove dias Irã dormiu.
Do mundo, tinha esquecido.
Só quando voltou a si
Percebeu, tinha dormido
Muitos dias, muitas noites
Não sabia do ocorrido.

O lobo contou a Irã
Tudo o que havia passado,
Como seus dois vis irmãos
Vendo o pássaro encantado,
Levaram o seu alazão
E a princesa do lado.

— Malditos!!!, disse Irã.
— Haverei de me vingar!
Retomarei a princesa
Para com ela casar,
Prenderei os desgraçados
E os mandarei degolar!

O lobo disse ao amigo:
— Eu não ligo p'ra o azar,
Mas hoje o príncipe Abul
Com ela vai se casar.
Se não chegarmos ligeiro,
Nada vai lhe adiantar!

No palácio do sultão,
Soava o tempo marcado
Para o grande casamento.
Todo o povo convidado,
E o sultão muito feliz
Com seu pássaro dourado.

Abul todo sorridente,
Ali, posando de artista,
Ao lado da bela noiva.
Aquele príncipe egoísta
Nem sonhava que Irã
Vinha seguindo sua pista.

Mas quando Irã foi chegando
E Helena o viu entrar,
Estendeu-lhe os seus braços
De alívio quis chorar.
E disse: — Só com você
Eu poderei me casar!

Ao ver Irã, o sultão
Tomou seu filho querido
O abraçou com carinho
Ficou muito comovido.
Pediu então que a princesa
Lhe explicasse o ocorrido:

— Este sim que é o homem
Com quem devo me casar!
Não com este trapaceiro
Que tentou lhe enganar!
O sultão ficou atônito
Que não podia falar...

Narrou ela aos presentes
Como tinha se passado.
O sultão, sabendo tudo
Ficou muito revoltado
Ordenou de pronto: — Guardas!
Prendam esse desgraçado!

Abul, junto a Salomão
De joelhos frente ao pai
Pediam perdão a Alá!
Mas o pecado não sai
Não tinham mais salvação
Abi-Chedid disse: — Ai!

— Joguem agora esses dois
Em calabouços profundos
Tirem-lhes todo o direito
Por serem seres imundos.
Não os perdôo jamais
Nem que estejam moribundos.

Foi belíssimo o casamento
No reinado do sultão.
Irã com sua Helena,
A flor do seu coração
Fez a seu amigo lobo
Uma confraternização.

O lobo se despediu
De seus amigos leais.
Era um espírito de luz
Das regiões divinais
Já livre de suas penas
Ali não tornou jamais.

Aos seus irmãos invejosos
Irã provou sua nobreza
Libertou-lhes da prisão
Da horrenda fortaleza
Porém não tinham direito
De gozar da realeza.

Foram ambos desterrados
Para um reinado distante.
O sultão os condenou
A levarem vida errante
Irã foi o vencedor:
Foi quem saiu triunfante.

Amigos, que apreciam
Não deixem de adquirir
Todos os nossos livretos.
Outros vamos imprimir
Nosso cordel tem sabor
Interessante valor
O Nordeste a resistir!

O cachorro encantado e a sorte da megera

Senhor Deus que ilumina,
A nossa terrestre esfera:
Clareai a minha mente!
Pois meu público já espera
O cachorro encantado
E a sorte da megera.

Nessa história, eu relato
O valor que a vida tem.
Que deveremos lutar
Pra prevalecer o bem
Derrotando todo o mal
Por séculos sem fim, amém!

Verá o leitor, também,
Todo o valor da bondade.
Que só na luta se vence
A toda adversidade;
Mas abomine a mentira
Para dar vez à verdade.

Pois no livro da verdade
Que os tempos não consomem,
Nos disse Deus Glorioso
Os bons exemplos se tomem,
Que seja um homem maldito
Quem confia noutro homem.

Já o velho meu avô,
Dizia com experiência:
'Que ninguém sabe de nada,
Neste mundo de aparência.
Até pra criar cachorro,
Tem que ver a procedência!'

Ninguém conhece ninguém
Essa vida é uma ciranda,
Pois quem nasce pra ser torto
Pende sempre pra uma banda.
Já o coração dos outros,
É terra que ninguém anda.

Na lendária Bagdá,
Há muito tempo passado,
Residia um sultão.
Um monarca muito honrado,
Que detestava injustiça
Como Deus ao pecado.

Tratava ele a seus súditos
Com modos bem cordiais.
Por ser homem muito humano,
Protegia os animais
E tudo que o cercava
Desde os rios aos matagais.

Tinha ele grande estima
Por um nobre mercador,
Um homem muito direito
Honrado e trabalhador.
Compartilhava consigo
O espírito preservador.

Certa feita esse sultão
Passeando na cidade
Deparou-se com uma cena
Que considerou covarde:
Alguém batia numa mula
Com muita perversidade.

Próximo, pôde observar:
Tratar-se do mercador.
Ficou decepcionado
Por um homem de valor
Espancar um animal,
Ali com tanto furor.

Disse pra guarda real:
— Prendam esse camarada!
(Pois espero que ele tenha
Uma explicação bem dada,
Pois quem bate em animais,
Para mim não vale nada).

O homem que foi levado
À presença do sultão
Respondeu com muita calma
Sem nenhuma alteração:
— Eu bato em minha mulher,
Majestade creia ou não!

Pensou então o sultão:
— Pobre homem ficou louco!
Ergueu a cabeça ao céu
E pensando mais um pouco:
— Creio não ouvir direito,
Devo estar ficando mouco...

— Bem sabeis meu nobre amo...
(Prosseguiu o mercador),
Vossa majestade sabe:
Sou um homem de valor.
Eu espanco aquela égua
Para vingar meu rancor.

— Vou contar a minha história.
Peço tenha paciência,
Às vezes se julga mal
Por não termos a ciência.
Escute então, majestade,
Não se trata de inclemência.

— Casei-me com bela moça,
Mulher distinta e prendada,
Não sabendo que a mesma,
De aparência recatada,
Ocultava-me segredos
De uma vida desgraçada.

— Logo no primeiro dia,
Eu saí pra trabalhar.
Ao meio-dia eu voltei,
Para com ela almoçar.
Fez-me ela um banquete
Mas se recusou provar.

— Depois de muita insistência,
A refeição beliscou.
Comendo muito pouquinho,
Toda a comida sobrou.
E na janta novamente,
Ela não se alimentou.

— Apesar de muito amá-la,
Fui dormir contrariado,
Não tardei a adormecer
Por estar muito cansado.
Acordei tarde da noite,
Não a encontrei do meu lado.

— Instantes depois voltou.
(Eu nada quis perguntar).
Ela deitou-se na cama
E se pôs a cochilar.
Adormeci novamente,
Não querendo a incomodar.

— Nos dias que se seguiram,
O mesmo se repetiu.
Por não cear ao meu lado,
Aquilo me ressentiu.
Andava contrariado,
Meu coração se partiu.

— Certa noite nos deitamos.
Eu fingindo estar dormindo,
Quando a flagrei levantando-se.
Devagarzinho saindo,
Fiquei de tudo intrigado
Daquele mistério infindo.

— Antes não a conhecido!
Continuado solteiro...
Noutra noite a vi sair
Do seu modo costumeiro.
Vesti a roupa e a segui,
Para saber seu roteiro.

— Com suas ruas desertas,
Toda a cidade dormia.
Só se ouvia um pobre cão
Na madrugada latia.
E devagar, sorrateiro
Os seus passos eu seguia.

— Finalmente a vi entrar
No portão do cemitério.
Eu pensei: — Vou finalmente
Desvendar esse mistério!
O que constatei ali
— Por Deus Pai! — É muito sério.

— A vi abrindo uma cova,
Num ritual de magia.
Tirou um cadáver fora
Ali naquela agonia,
E rasgando a carne podre
Bem apressada comia.

— Ao ver a cena macabra,
Fiquei tomado de horror.
As pernas enfraqueceram,
Meu rosto mudou de cor
Aquela mulher, pra mim,
Perdera todo o valor.

— Aí não tive mais forças
Para voltar ao meu lar.
Nem em Deus encontrei meios
Para poder regressar.
Eu saí vagando a esmo,
Junto da beira do mar.

— Na areia me deitei,
Ali mesmo adormeci.
Com um cobertor de estrelas,
Do mundo me esqueci.
Acordei de manhãzinha
E pro trabalho segui.

— Quando chegou meio-dia,
Eu não queria almoçar.
Mas voltei à minha casa
Pra minhas roupas pegar.
Já havia me decidido
A mulher abandonar.

— Quando botei minhas coisas
Numa mala, pra ir embora,
A dita tomou a frente
Da porta na mesma hora,
Chorando muito fingida:
Não me abandones agora!

— Tomei coragem e contei
Tudo que tinha avistado
Lá no velho cemitério,
Como estava impressionado.
Ela disse: — Seu covarde!
Serás amaldiçoado!

— De sangue muito encarnado,
Vi o olhar da megera.
Ela partiu para mim
Como faz uma pantera
Com instinto de matar-me,
Virada na besta-fera.

— Nesse instante lancei mão
De uma faca bem ligeiro.
Saí com ela brigando
Da sala para o terreiro.
E onde a faca pegava,
Só saía o fumaceiro.

— Percebi, não era humana...
Fiz o Sino Salomão
Ali, meio-dia em ponto.
Foi a minha salvação!
Mas quando me viu fugindo,
Jogou-me uma maldição.

— Usando magia negra,
Sem ninguém ao meu socorro.
O raio que me atingiu
Ali, por pouco não morro.
Já acordei transformado
Em um pequeno cachorro.

— Pegando a vara da cerca,
Me perseguiu no caminho.
Deu-me uma cacetada
Que acertou meu focinho.
Naquela hora fatídica,
Vi que estava sozinho.

— Corri o máximo que pude
Pra livrar-me da megera,
Entrei em uma velha casa
Virada numa tapera,
Passei numa brecha estreita
Foi que me livrei da fera.

— Depois eu saí vagando,
Pelas ruas da cidade.
Procurando o que comer,
Pois estava com vontade,
Roí um osso do lixo
Devido à necessidade.

— Eu subi numa calçada,
Caminhando sem destino...
Precisando de ajuda,
Perdido no desatino.
Jogado à própria sorte
Sendo um ser tão pequenino.

— Mais à frente, encontrei
Um grupo de cães de rua:
Na maior das cachorradas
Quiseram sentar-me a pua.
Escapei muito cansado,
Lamentando a sorte crua...

— Corri muito esbaforido,
Numa rua que havia
E me deitei na calçada
Duma estranha moradia.
Do outro lado avistei
Uma grande padaria.

– O dono da padaria,
Um homem muito cortês,
Atendeu a freguesia.
Agora vejam vocês,
Me chamando ofertou-me
Um naco de pão francês.

– Olhei nos olhos do homem,
Cheio de contentamento.
Me deitei em sua calçada,
Saboreando o alimento.
Se aproximou de mim
Um velho cão rabugento.

– Reparti meu pão com ele,
Ele ficou meu amigo.
Pra me ajudar latiu:
– Você aqui corre perigo!
Pois se aqueles cães chegarem
Vão lhe botar de castigo.

– O velho cão foi embora.
Dali a poucos segundos,
Fui surpreendido por
Aqueles tais cães imundos.
Porém o velho padeiro
Expulsou os vagabundos.

— Fiquei grato àquele homem
De bondoso coração.
Tratava-me com carinho,
Me tinha admiração.
E eu pastoreava tudo,
Encostado no balcão.

— O tempo foi se passando,
E eu vivia sossegado
Com minha vida de cão
E meu bom amo de lado,
Apesar do encantamento,
Eu estava conformado.

— Certo dia aconteceu
Uma história singular,
Adentrou a padaria
Uma senhora exemplar:
Tinha ela dez moedas
Pra sua conta pagar.

— Mas meu amo, percebendo
Uma delas diferente,
Julgando a mesma ser falsa
Disse à senhora presente:
— Não aceito esta moeda
Pois é falsa, estou ciente!

— A mulher contrariada
Disse: — Não quero dar cano!
A moeda é verdadeira,
Comigo não há engano
Recebi de um mercador
No começo desse ano!

— Meu amo com a mulher
Naquela dúvida atroz
Cada qual o mais teimoso
Meu dono alterou a voz:
— Vamos ver nessa questão
Se vai ganhar um de nós!

— Mas meu dono nesse instante
Teve idéia diferente.
Disse: — Olhe, cachorrinho,
Tu és muito inteligente:
— Nos mostre a moeda falsa
Com teu faro convincente.

— Quando ele falou comigo,
Vi naquilo a ocasião,
De mostrar àquela gente
Que não era um simples cão,
Vivia daquela forma,
Devido a uma traição!

— Saltando para o balcão,
Examinando o dinheiro
Apontei com a patinha
O que não era verdadeiro.
A mulher muito espantada,
Pagou e saiu ligeiro.

— Essa história se espalhou.
Todos queriam me ver.
Traziam moedas falsas,
Mandavam eu escolher.
Me tornei uma atração
Por dinheiro conhecer.

— O comércio de meu amo
Era cheio o dia inteiro.
Ele dobrou suas vendas
E ganhava mais dinheiro.
Os negócios prosperavam
Com meu palpite certeiro.

— Meu dono ficou com medo
De alguém vir me roubar.
Até um dono de circo
Já queria me comprar.
E logo, seus concorrentes
Começaram a me invejar.

— Com a popularidade,
Me tornei um cão visado.
O meu dono, precavido,
Me trazia vigiado.
Devido a tamanho assédio,
Tive cuidado dobrado.

— Já fazia um bom tempo
Na minha vida de cão,
Eu naquela casa era
Um bicho de estimação,
E desde que ali cheguei
Nunca faltou-me ração.

— Certo dia uma senhora
Chegou de mim bem pertinho.
Achei ela tão bondosa,
Pois me falou com carinho
E antes de ir embora,
Alisou o meu focinho.

— Pensando quando era gente,
Me veio a recordação
E da minha doce vida,
Antes da consumação
Do maldito casamento
Que sofri ingratidão.

— Da minha vida pacata,
Antes do tal casamento...
Que tristemente me trouxe
Um grande padecimento,
Nem mesmo a vida com o amo
Me servia como alento...

— Senti naquela mulher
Esperança de voltar
À minha antiga forma,
De o feitiço desvirar,
Expulsar a impostora
E minha vida retomar.

— Ela já tava indo embora.
Disse-me para eu a seguir...
Num momento, vi meu dono
No balcão se distrair.
Aproveitei o descuido,
Pra com ela poder ir.

Pois algo de bom eu vi
Nos modos dessa senhora.
Uma coisa me dizia
Que tinha chegado a hora,
De me livrar do feitiço
E a segui sem demora.

— Eu segui pela calçada
Junto daquela senhora.
Chegamos numa casinha,
Ela me disse: — É agora!
Vais conhecer minha filha,
Que se chama Bela Aurora.

— Ela está lhe esperando
Ali naquele pomar:
Como uma bruxa do bem,
Ela pode averiguar.
Acha que você foi gente,
Quer o feitiço quebrar.

— Vi uma jovem meiga e linda,
Tocar em mim com a mão
E dizer estas palavras:
— "Se for cão, que seja cão,
Mas tendo nascido homem
Desfaço a transformação".

— Naquele instante uma névoa,
Encobriu o ambiente...
Eu me senti flutuando,
Num mundo tão diferente.
Vi imagens distorcidas
Como o fundo de uma lente.

— Vi minha vida passar,
Como num passe de mágica!
De repente tudo em volta
Ficou de maneira estática.
E voltei à minha infância
De maneira enigmática.

— Vi cada etapa da vida,
Passando na minha frente.
Relembrei de minha mãe
De seu jeito sorridente,
Trabalhando com meu pai,
Cada qual o mais contente.

— Vi meus manos, meus avós
Mas tudo ali era incerto,
De repente então me vi
Num escaldante deserto,
Numa enorme caravana
E um grande portal aberto...

— Me recobrei do tal transe,
Tava tudo diferente,
O mundo mais colorido:
Tinha voltado a ser gente.
Agradeci de joelhos,
Em estado comovente.

— Ela disse: — Por favor,
Conte-me o seu passado!
Eu então contei-lhe toda
Minha vida de casado,
E porque a bruxa tinha-me
Em cachorro transformado.

— Ela então disse: — Me espere,
Daremos o troco ligeiro:
Faremos com que o feitiço
Vire contra o feiticeiro.
A danada hoje lhe paga
Juro por Deus verdadeiro!

— Consultando velhos tomos
De seus livros de magia,
Descobriu que a maldita,
A partir daquele dia,
Dizia que eu viajei
Para as bandas da Turquia.

— E se diz preocupada,
Por eu não lhe dar notícia.
E pra não ser acusada,
Foi dar queixa à polícia.
(Fingindo que está sofrendo
Usando toda a malícia).

— Logo após alguns instantes
A moça olhando pra mim,
Eu a olhei com ternura
Ela juntinho de mim
Com sua voz doce e meiga
Ela falou mesmo assim:

— A dita não está em casa.
Vá e espere ela chegar.
Ela lhe dará as costas,
Pois quer de ti escapar.
Leve esta água encantada,
Basta uma gota pingar!

— Fui ligeiro para casa,
Segui direitinho a bula.
Quando ela foi chegando,
Ao me ver quase se anula.
Joguei logo a água nela:
Ficou virada numa mula!

— Agarrei-a pela crina
E lhe pus cabresto e sela.
Botei esporas nos pés,
Cravei no umbigo dela.
Lancei mão de um chicote
E com gosto bati nela.

— Agora todos os dias,
Dou-lhe surra caprichada.
Mesmo meu braço doendo,
Para mim não vale nada.
De vontade ou contragosto,
Eu amanso essa malvada.

— Ao invés de carne humana,
Só come milho e capim,
Pois todo castigo é pouco
Para a pessoa ruim.
Pois para me desgraçar,
Não teve pena de mim.

O sultão ouviu a história
Que contara o mercador.
Falou assim: — Meu amigo,
Você tem o meu louvor.
Eu sou contra a violência
Não sendo merecedor.

— Mesmo uma megera dessas,
Eu mandaria matar.
Se um dia por desventura,
Esse feitiço acabar
Creio eu meu bom amigo,
Que ela vai se vingar.

O homem mandou matar
A mula, sem compaixão.
Dizem que os urubus
Rejeitaram a refeição.
(No lugar que foi enterrada
Aparece assombração).

A lenda do mercador
Klévisson escreveu agora.
Leia este sem demora:
É um cordel de valor.
Veja meu nobre leitor,
Isso que fez a megera!
Sobre encanto a quimera
Só como mula ficou.
O bem venceu e ganhou
Nessa história d'outra era.

O pecador obstinado aos pés da compadecida
(Adaptado da tradição popular medieval)

Fui buscar na tradição
Este relato profundo
(Creio, da Idade Média
Ser este conto oriundo);
Adaptei-o em sextilhas,
Nosso estilo mais fecundo.

Existiu, no Velho Mundo,
Pecador obstinado:
Matou o padre e padrinho
Pra provar que era malvado
(Não poupou sequer a vida
Do pai por quem foi gerado)!

Tinha Deus por intrigado
E o crime, por amigo;
Matou sua própria mãe
A serviço do inimigo...
As mãos, lavadas de sangue,
Trazia sempre consigo.

Dizia sempre: — Não ligo
Para o arrependimento;
De nada tenho remorso,
Não creio no Sacramento!
Eu sou a própria chacina
Que deixa um rastro sangrento!

Era, este mau elemento,
Pra natureza um insulto;
Em toda sua existência,
Causou tristeza e tumulto
Mas, quando estava morrendo,
À frente desceu-lhe um vulto.

Falando assim, o tal vulto
Disse a ele: — Estou sabendo
De toda a sua história
E como vinha vivendo...
Esqueça-se do passado,
Deixa estar qu'eu te defendo!

Grande vertigem sofrendo,
Logo, então, desencarnou!
O demônio, do seu lado,
Ativo se conservou;
Mas surge o anjo da guarda
Que vindo do céu, chegou.

Ao anjo, o cão perguntou:
— O amigo vem a negócio?
Este homem, que morreu,
Eu já tirei num consórcio;
Esta alma me pertence
E nela não quero sócio!

— Cala-te, infeliz beócio!
Lhe disse o anjo da guarda;
— A alma não foi ao juiz
Para poder ser julgada:
Pois ela só será sua
Depois da sentença dada!

E, lá na Mansão Sagrada,
A alma se ajoelhou
Aos pés do Santo Juiz
E o seu perdão implorou:
Devido aos graves pecados,
O Deus-Pai não se abalou.

Mas Emanuel falou:
— Antes que eu te confesse,
Publica, por tua boca,
Que benefício fizesse
Para q'Eu possa pesar
Qual sentença lhe apetece!

Ordenou o Pai: — Comece!
Disse a alma: — O meu passado
É insano, Senhor Deus;
Sempre O vi como intrigado
Pois tanto o pai quanto a mãe
Foi por mim assassinado!

— Foste escrava do pecado!
Por ser tão obstinada,
Por minha justa sentença
Te digo: estás condenada!
Para ti, não há espaço,
Aqui na Santa Morada!

A alma, desesperada,
No receber da sentença,
Caiu prostrada no chão
Aos pés da Santa Presença.
Disse o cão, com seus botões:
— Oh, felicidade imensa!

Arrependida da ofensa,
No terror da agonia
A alma, se vendo frita,
Caiu aos pés de Maria,
Ainda na esperança
Que a Virgem a socorreria.

— Maria, oh, Virgem Maria!
Oh, Mãe do Filho de Deus,
Me cubra com o seu manto!
Imploro os socorros seus
Recorra junto ao Altíssimo,
Releve os pecados meus!

— Tu queres perdão de Deus?
Pois, alma, fica-te aí,
Que vou falar com Jesus...
Digo o que te prometi:
Eu penso q'Ele me atende,
Sabendo que sou por ti!

O cão parou de sorrir
Pois viu, da Virgem, a partida;
Disse a outro companheiro:
— Lá vai a compadecida...
Mulher em tudo se mete,
Quer ganhar questão vencida!

Disse a Virgem Concebida:
— Jesus, tenho precisão,
Por isso que vim a Ti!
Recorra esta decisão;
Lançai sobre um infeliz,
Tenha dele compaixão...

— Mas meu Pai já a deu ao cão,
Não a posso mais tomar;
Uma alma sentenciada
Não pode mais se salvar!
E a palavra de Deus-Pai
Não se pode revogar.

Jesus foi ao Pai falar.
Do trono de Emanuel
Voltou, e disse: — Mamãe,
Meu Pai é juiz fiel!
Para ver que jeito dá-se,
Mandou chamar São Miguel!

Veio o Arcanjo Miguel
E disse: — Pronto, Senhor!
Jesus disse: — Miguel, vá
Defender um pecador,
Pra ver se pode aterrar
A razão do traidor.

Disse assim o impostor:
— Miguel escute a verdade;
Esta alma praticou
Tudo que é perversidade!
Tu vens cheio de razão,
Não sabe da missa a metade!

São Miguel disse: — É verdade!
Tu só vives de atentar;
Mas a culpa é toda tua,
Pois fez o homem pecar...
Jesus disse à Imaculada:
— Maria pode salvar!

Ficou a alma a louvar
O Santo Nome de Maria...
Dizia: — Bendita seja,
Seja nossa luz e guia,
Amparo dos desgraçados
Fonte de paz e harmonia!

De ódio, o diabo gania,
Pois seu plano foi baldado:
Lançava fogo das fuças,
Gemia, desesperado;
Tacava os dentes no couro,
Como um cão qu'está danado!

O sangrento ataque terrorista que abalou os EUA

Tudo passa nesta vida,
Nada é novo sob o sol.
Nos diz o Eclesiastes
O maior livro do rol,
Do Antigo Testamento
Lindo como o arrebol.

Vaidade das vaidades
É correr atrás do vento
Feliz é quem ama a Deus
Na força do pensamento
Está livre da angústia
A todo e qualquer momento.

Não precisa seguir seitas
E nem escutar doutrinas
Freqüentar templos bonitos
Ou exercer disciplinas
Basta praticar o bem
E amar as coisas divinas.

Nessa história se vê
A força da prepotência
As garras do terrorismo
E as lâminas da violência
Retalhando a humanidade
Sem piedade ou clemência.

Já diz um velho provérbio
Que da memória não sai
"Quem com muitas pedras bole
Uma na cabeça cai"
Cuidado povos da Terra,
Implorem clemência ao PAI!

Pois os maiores da Terra
Em armamento e dinheiro
Há muito fornecem armas
A qualquer aventureiro
E no jardim da discórdia
Vêm adubando o canteiro.

A inteligência humana
Conduzida para o mal
É muito mais poderosa
Do que qualquer arsenal
E até um canivete
Amedronta um maioral.

Nova York foi a vítima
De um ataque desumano
Que abalou as estruturas
Do Império Americano
E fez tombar muitas vidas
Nas valas do desengano.

Não é certo que o justo
Pague pelo pecador
Os governantes oprimem
Espalham ódio e terror
E em toda parte do mundo
O povo é quem sofre a dor.

Milhares de inocentes
Perderam a vida num dia
Vítimas de um atentado
Retrato da tirania
Conflito, ódio e vingança
Formaram esta alquimia.

Terroristas revoltados
Com o governo americano
Cruzaram os céus do país
Com o mais sinistro plano
Estavam dispostos a tudo
Provocaram grande dano.

Prenderam a pomba da paz
Na gaiola do terror
E no World Trade Center
Despejaram seu furor
Até mesmo no Pentágono
Houve momentos de dor.

Dia onze de setembro
A fatídica terça-feira
As 'Torres Gêmeas' tombaram
Da forma mais traiçoeira
Num ataque terrorista
Sangrando a nação inteira.

Tinha cento e dez andares
O prédio acima citado
O orgulho americano
Em cheio foi afrontado
E o mito inviolável
Já faz parte do passado.

Ficou desmoralizado
O poderio militar
Por isso seus governantes
Juram que irão se vingar
E aquilo que o mundo teme
Pode agora começar.

Falo da Terceira Guerra
Vil fantasma que nos ronda
Com seus tentáculos mortíferos
Que avançam como uma sonda.
Tentando arrastar os povos
Pra sucumbir nessa onda.

Portanto faço uma prece
A Deus e a Virgem Maria
Que defendam a humanidade
Desta terrível agonia
Fazendo reinar a paz
O perdão e a harmonia.

Mas a sede de vingança
Não dá lugar ao perdão
Os ianques não perdoam
Querem achar uma nação
Como "bode expiatório"
Quer seja culpada ou não.

Aí mais sangue inocente
Será enfim derramado
E o anjo do Apocalipse
Num corcel negro montado
Quebra o selo da guerra
E o mundo está desgraçado.

Mas não é toda a América,
Que deseja esta vingança.
Muitos pregam pela paz
E um mundo de esperança,
Foram ao Union Square
Protestar contra a matança.

George Bush atarantado
Sem encontrar uma pista
Naquele dia fatídico
Disse na sua entrevista
Que suspeitava de Osama
Poderoso terrorista.

Este Osama bin Laden
É multimilionário
Controla o Afeganistão
Com o seu grupo sicário
Cujo nome é Taliban
Poderoso e sangüinário.

Contudo este grupo nega
Ter qualquer envolvimento
Com o ataque terrorista
Mais falado do momento
Que cobriu o mundo inteiro
De angústia e sofrimento.

Muitos especialistas
Da política e da história
Afirmam que o Bin Laden
E toda a sua escória
Foi armada por quem não quer
Dar a mão à palmatória.

Dizem que essa serpente
É cria do americano
Bin Laden foi apoiado
Tendo um espírito tirano
Mas cobriu toda a América
Com o manto do desengano.

Especula-se também
Que os autores desta ação
São do exército vermelho
Extremista do Japão
Culpam também o Iraque
Além do Afeganistão.

Todo o povo americano
Quer defender o que é seu
Mas a terrível hecatombe
O Japão não esqueceu
Muitas vidas inocentes
No passado pereceu.

Eu falo de Hiroshima
E também de Nagasaki
Durante a Segunda Guerra
Sofreram o maior ataque.
E falo também do ódio
Que se apossou do Iraque.

Porque na Guerra do Golfo
Este povo padeceu
Bombardeios incessantes
Muita gente pereceu
Porém Saddam, o seu líder
Da guerra sobreviveu.

Pra violência do mundo
Creio que não há remédio
Porque antes de tombarem
As vítimas daquele prédio
Muitas crianças morreram
Lá no Oriente Médio.

É a terra do petróleo
Fonte de grande riqueza
Que só desperta a cobiça
O ódio e a incerteza
Junte isso ao fanatismo
Eis a guerra, com certeza.

E assim a humanidade
Cheia de medo e temor
Aguarda agora o desfecho
Deste cenário de horror
Pedindo a Deus que acabe
Essa onda de terror.

Ao bom povo americano
Faço um apelo veemente
Se desejam liderar
Os povos do Ocidente
Procurem viver em paz
Com as nações do Oriente.

Esqueçam as represálias
E as retaliações
E deixem o Terceiro Mundo
Isento das privações
Só assim haverá paz
Para todas as nações.

É preciso refrear
Qualquer sede de poder
Pois os países pequenos
Também precisam crescer
Sem fome, sem violência
Querem se desenvolver.

Lembrem-se: Cristo pregou
Amor, paz e igualdade
Permitam que os outros vejam
As asas da liberdade
Esquecendo o egoísmo
Usem de fraternidade.

O mundo está chocado
Com tamanha violência
A humanidade sem Deus
Caminha pra decadência
O mal ferra suas garras
No pescoço da inocência.

O crime de Nova York
Deixou o mundo chocado
E o governo americano
Quer encontrar o culpado
Mas não se sabe ao certo
Os autores do atentado.

Talvez até um extremista
Da direita americana
Que persegue a liberdade
Numa ação vil e tirana
Praticou este atentado
Numa fúria desumana.

Também a Ku-Klux-Klan
Essa seita está na lista
Lá nos Estados Unidos
Age de forma racista
Matando negros e árabes
Numa atitude extremista.

Por que sair à procura
De culpado a toda hora?
Para quê falar em guerra
Se isso não traz melhora?
Melhor é recomendar-se
A Deus e Nossa Senhora.

Talvez com a violência
O poder americano,
Combata o tal fanatismo
Do xiita muçulmano,
Mas qualquer intolerância
Não melhora o ser humano.

À União das Nações
Cabe agora o papel
De pôr um freio no ódio
Que amarga como fel
Restaurando assim a paz
Que é doce como o mel.

O mal por si se destrói
Este ditado é antigo
Aquele que prega o bem
Perdoa o seu inimigo
E aquele que prega o mal
Não se livra do perigo.

E por causa do capricho
De homens sem piedade
O conflito mais temido
Se torna realidade
É o poder de Satã
Destruindo a humanidade.

O rico povo da América
Está muito amargurado
Deve então investigar
E descobrir o culpado
Para que do inocente
Seu sangue seja poupado.

Te arrepende, mundo velho
Pois tua hora é chegada
Se esta guerra estourar
Aqui não vai sobrar nada
Pra quem ama é um começo
Mas pra quem odeia é nada!

Quem segue as divinas leis
Do filho de São José
Quem obedece às palavras
Do homem de Nazaré
Encontrará salvação
No poder que tem a fé.

Mas quem confia somente
No poder do armamento
E não consulta as palavras
Tão sábias do Testamento
Está sujeito a viver
Nas garras do sofrimento.

Eu falo dos fundamentos
Do antigo cristianismo
Que era a forma perfeita
De viver sem egoísmo
Contra o ódio e a vingança
O preconceito e o racismo.

Nós não temos nada contra
Buda, Brama ou Maomé
O amor eleva a alma
Só quem nos salva é a fé;
Preferimos acreditar
No Homem de Nazaré...

Cada qual com sua crença
O sol nasceu para todos
Os nossos irmãos ianques
Externam sempre denodos
Mas os valores terrenos
Nunca passaram de engodos.

Vejam o Império Romano
A maior nação da terra
Idolatrava uma águia
No mundo inteiro fez guerra
Dele só resta a lembrança
A verdade aqui se encerra.

Veio o Império Otomano
Que já foi grande potência
Porém amargou também
Seus dias de decadência
Hoje ninguém lembra mais
Sua cruel prepotência.

Não tem coisa mais divina
Que a santa natureza
E a palavra de Deus
Que só encerra beleza
Aquele que ama a PAZ
Não acredita em grandeza.

Não pensem que eu defendo
George Bush ou Saddam
O tal Osama bin Laden
Com seu grupo Taliban
Eu quero é que a humanidade
Vislumbre um novo amanhã.

Por capricho do destino
Sou deles contemporâneo
Trataria qualquer um
Como trato um conterrâneo
A amizade perdura
O poder é instantâneo!

Todos tem direito à vida
À paz e à liberdade
Uma vida sem ter paz
Não é vida de verdade
É como nos diz a Bíblia
Não passa de vaidade.

Esse foi um desabafo
Feito a treze do nove
O ano é dois mil e um
E a humanidade resolve
Se quer paz ou quer a guerra
A paz é que me comove.

O divórcio da cachorra

Zé Pacheco, um grande vate
Que viveu antigamente
Escreveu muitos folhetos
De maneira inteligente
Seus versos tinham capricho
Contavam estória de bicho
Que falava como a gente.

Uma delas é "A intriga
Do cachorro com o gato"
Pacheco fez um cordel
Relativo a este fato...
E tão boa quanto esta
É a que trata da "Festa
dos cachorros", falo exato.

Casou-se sempre o cachorro
Com sua prima cadela
Muito embora que não fosse
Do agrado do pai dela
No dia dessa união
Houve grande confusão
Por causa de uma panela.

Como Pacheco não conta
Dizemos neste momento
O que foi que aconteceu
Depois deste casamento
Me disse Urubu do morro:
— Cachorra traiu Cachorro
No maior descaramento.

Com três meses de casados
Cachorra caiu na farra
Nunca perdeu um forró
Até o quebrar da barra
E o cachorro humilhado
Já vivia encabulado
Com a fofoca da Cigarra.

A Cigarra buzinou
Um dia no seu ouvido
Dizendo que a Cachorra
Era falsa ao seu marido
E por mais de uma vez
Com seu primo Pequinês
Já havia lhe traído.

Pequinês era um malandro
Descarado e sem-vergonha
Foragido da justiça
Traficante de maconha
Cachorra feito a 'mulésta'
Ia com ele pra festa
Faceira e toda risonha.

O Cachorro trabalhava
De noite na padaria
Ela fugia de casa
E o marido não sabia
O coitado trabalhando
E a Cachorra vadiando
Só voltava no outro dia.

Cachorro tinha um amigo
O Garrote Penteado
Este chamou-lhe de parte
E disse o que foi passado
Que no Motel da Raposa
Avistara a sua esposa
Com Pequinês engatado.

Cachorro não lhe deu crédito
Não ouviu apelo ou rogo
Disse: — Pela minha esposa
Eu boto é a mão no fogo!
Mas Garrote Penteado
Disse ao marido enganado:
Você é quem perde o jogo!

Cachorro chegou em casa
Na manhã do outro dia
Chamou Cachorra de parte
E contou-lhe o que sabia
Mas Cachorra ajoelhada
Perante a Bíblia Sagrada
Jurou que não o traía.

Ficou bastante exaltada
Prometeu pegar Garrote
Dizendo: — Aquele safado
É enxerido e "fiote"
Já quis levar-me no bico
E também já fez fuxico
Com a mulher do Capote.

— O Garrote só deseja
Ver a honra no buraco
Por causa dele o Capote
Jurou matar o Cassaco
Com esta idéia tão burra
Findou levando uma surra
Saiu dizendo: — Tô fraco!

Mas comigo é diferente
Eu pego ele na marra
Quero ver ele provar
Que um dia me viu na farra...
Ele que cuide da vaca!
Eu vou amolar a faca
Para matar a Cigarra!

Cachorro vendo a mulher
Jurando tão revoltada
Deu o dito por não dito
Caiu naquela embrulhada
Mas um Urubu do morro
Cantava: — Lá vem Cachorro
Com a cabeça enfeitada!

O Cachorro encabulado
Foi tomar satisfação
Urubu subiu ligeiro
Numa moita de Pinhão
Dizendo com voz pausada:
— Sua esposa adorada
Gosta mesmo é do "negão"…

Com a cabeça fervendo
Fedendo a chifre queimado
Cachorro saiu bufando
E se sentido ultrajado
Disse para o Carrapato
Vou à bodega do Gato
Tomar um porre fiado!

Antes passou no mercado
E comprou uma peixeira
Um aço bem temperado
Uma lâmina de primeira
Foi à bodega do Gato
E disse por desacato:
— Hoje eu faço uma besteira.

O Gato desconfiado
Armou-se então de cacete
Ocultou mais uma faca
No bolso de seu colete
Ligou pra delegacia
E para mais garantia
Lançou mão de um tamborete.

Pediu Cachorro uma cana
Da mais forte que havia
Porém Gato respondeu
Que fiado não vendia
Cachorro se exaltou
Nisto a polícia chegou
Lhe botou na enxovia.

Cururu, o delegado
Velho da volta ruim
Chegou lá com dois soldados
O Macaco e o Sonhim
Cabo Caçote Vermelho
Mais o escrivão Coelho
E o inspetor Guaxinim.

Ora o Gato bodegueiro
Era bem relacionado
Parente do Rei Leão,
Tinha um primo deputado
Ninguém bulia consigo
Porque o Gato era amigo
Do Cururu delegado.

Levaram então o Cachorro
Às grades da detenção
Amarrado e algemado
Num imundo camburão
Enquanto isso a Cadela
Conversava na janela
Com um Pastor Alemão.

Esse Pastor nova-seita
Quando soube do ocorrido
Prometeu para a Cachorra:
— Mim soltarr sua marrido!
Disse ela: — Deixe estar
Eu vou é comemorar
Cachorro é caso perdido!

Cachorro lá na cadeia
Desacata o delegado
Por causa disso o deixaram
No xadrez trancafiado
Já perdendo a paciência
Recebe correspondência
Do Garrote Penteado:

"Caro compadre Cachorro
Amigo do coração
Estimo que estas linhas
Traçadas por minha mão
Possam trazer-lhe um alento
Neste quarto fedorento
Dessa imunda prisão.

Sua mulher, meu compadre
Já foi de tudo informada
Entretanto não se mostra
Nem um pouco preocupada
Cada dia mais faceira
Parece até uma rameira
Com a cara toda pintada.

Só estou falando a verdade
Peço, não me leve a mal
Eu sei que a verdade dói
Pequinês é seu rival
Se acalme, não dê pinote.
Do seu amigo Garrote
Eticétera e coisa e tal".

Garrote inconformado
Com tamanha ingratidão
Foi visitar seu amigo
Nas grades da detenção
Pagou a sua fiança
E disse: — Tenha esperança,
Que você vence a questão.

Pensou então o Cachorro
O Garrote está comigo,
Por mim ele está disposto
A enfrentar o perigo
Cachorro se desculpou
E o Garrote aceitou
As desculpas do amigo.

O Cachorro então saiu
Com a Pulga atrás da orelha,
Esta lhe disse sorrindo:
— Amigo é quem aconselha
Você hoje levou peia
E foi preso na cadeia
Como um ladrão de ovelha.

— Invente uma viagem
Se esconda embaixo da cama
Só assim irás saber
A quem a Cachorra ama
Ao ver a roupa no torno
Saberás que és um corno
Oh! Meu Deus, que triste fama!

Cachorro formou um plano
Nesta dita ocasião
Foi direto à padaria
Pegou um cesto de pão
E com o plano formado
Disse em casa, apressado
Vou às festas de São João.

Disse então para a Cachorra
Eu só volto no outro dia
Depois que tiver vendido
Toda esta mercadoria.
Tão logo ele se mandou
Dona Cachorra pensou:
— Tá do jeito que eu queria.

Mandou chamar Pequinês
Na casa de seu irmão
Pôs uma roupa indecente
Botou Mistral e loção
Porém por coincidência
Também veio à residência
O tal Pastor Alemão.

Os dois então se encontraram
No portão da moradia
Pequinês deu meia-volta
Fingindo que não sabia
Disse: — Cachorra safada,
Aposto que essa tarada
Aumentou a freguesia.

Ora, o pobre do Pastor
Era bem-intencionado
O tal fruto proibido
Ainda não tinha provado
Freqüentava a casa então
Só para pregar sermão
Contra este mundo virado.

Cachorro ao voltar pra casa
Encontrou com o Pastor
Perguntou-lhe de onde vinha
Com um ar inquisidor
Por não ser inteligente
Disse o Pastor inocente:
" – Lá da casa do Senhorrr!"

Cachorro então puxa a faca
Investe contra o Alemão
Garrote chegou a tempo
Tomou-lhe a faca da mão:
– Assim você se atrasa!
Então levou-lhe pra casa
Nesta mesma ocasião.

Ao chegarem no portão
Ouviram um grande gemido
Pequinês tinha voltado
Pois era muito enxerido...
Bateram lá no portão.
Diz ele: — É o Alemão,
Eu mato aquele atrevido!

Pequinês abriu a porta
Armado com um facão
Cachorra nua na sala
E ele de samba-canção
Mas quando viu o Cachorro
Disse: — Primo, eu quase morro
Lutando com um ladrão!

Cachorro disse bandido
Conte essa história direito
Cachorra nua na sala
Você assim deste jeito
Você é um descarado
Quase lhe acho engatado
Me faltando com o respeito!

Garrote disse: — Compadre
Pequinês é um mau "sócio",
Vamos dar uma lição
Neste sujeito beócio
Vamos capar o nojento
E quanto ao seu casamento
Melhor é pedir divórcio!

Caparam então este pobre
Com grande perversidade
Garrote lhe segurou,
Cachorro com crueldade
Capou Pequinês ali,
O qual virou travesti
Pelas ruas da cidade.

Cachorra também levou
Uma surra exemplar
No outro dia Cachorro
Tratou de se divorciar,
Pra encerrar a querela
Hoje em dia a tal cadela
Reside num lupanar.

Cachorro divorciou-se
Mas vive contrariado
Outro dia o avistaram
Bastante embriagado
No cabaré da Raposa
Bebendo com a ex-esposa
E o Pequinês viado.

Garrote desapontado
Também sofreu um transtorno
A vaca sua mulher
Anda o fazendo de corno
Porém ele é conformado
Por ela, diz exaltado:
— Boto a minha mão no forno!

Quando o problema é chifre
Ninguém deve se meter
Pois a gente nunca sabe
O que pode acontecer
Garrote nunca pensou
De pegar o que pegou
Já não sabe o que fazer.

Vejam o caso do Garrote
Que era muito linguarudo
Na rua onde morava
Dava notícia de tudo
De tanto bisbilhotar
Acabou ganhando um par
Terminou sendo chifrudo.

Por aqui já terminamos
Nosso livrinho rimado
Custa somente um real —
Dinheiro bem empregado.
Quem não comprar, sua cuca
Vai ganhar uma peruca
Do Garrote Penteado.

O cantor e a meretriz

Leitores: quem não sofreu
Nas portas de um lupanar?
Apreciem esta história
Que agora eu vou contar
E vejam, neste relato,
A puta comer retrato
De um cantor popular...

Sobre quengas, já escrevi
Outro livrinho rimado,
Narrando um caso horrendo
Que se deu em nosso Estado:
A história de uma puta
Que vence, numa disputa,
Um perverso delegado.

Então, meu caro leitor,
Se sofres do coração,
Não prossiga na leitura
Que é de cortar coração!
Li p'ro vate Zé Maria
Ele teve uma agonia,
Levado por comoção...

Neste romance, descrevo
Quanto vale uma paixão,
Quando ela bate à porta
Dum sofrido coração;
Leia, então, fazendo figa
E torça p'ra rapariga
Aplacar sua solidão...

Verão que não há limite
Para loucuras de amor,
E aprenderão que o céu
Pode até mudar de cor.
Mas uma grande paixão
Não toma outra direção,
Quando é tão rica de ardor...

'Tava cantando bem perto
Da praça da estação,
Quando uma mulher mundana
Me abriu seu coração
E disse: — Nobre poeta,
Deixe a musa predileta
E escute com atenção:

Pediu: — Me pague uma cana,
Uma dose caprichada...
Pode ser da Serra Grande,
Ypióca ou Imaculada,
Que eu conto a minha vida:
Uma existência sofrida,
De amargura eivada.

Mas essa estranha senhora
Tinha o semblante marcado
Por uma vida difícil,
Levando um fardo pesado;
Porém nela ainda se via
Que já fôra bela, um dia,
Tendo um corpo cobiçado.

Fitando-me, disse ela
Com voz bastante cansada
Com suas velhas mãos trêmulas,
Foi falando, compassada:
— Já fui muito venturosa,
Levava a vida garbosa
Sem preocupar-me com nada.

Minha finada mãe deu-me
O nome Elvira Maria
O meu pai era um alcoólatra
Na embriaguez noite e dia...
Minha mãe, mulher honesta,
Hoje apenas dela resta
O retrato e a laje fria...

Ela, contando sua história,
Lágrimas banhando o rosto,
Parecia acabrunhada,
Toda cheia de desgosto.
Eu quis falar, não deixou.
Bem devagar, degustou
O copo que estava posto.

Perguntou se, algum dia,
Eu já tinha amado alguém.
Não sendo correspondido,
(Tinha mais esse porém!)
Lhe falei, sem me tocar
Que, pr'uma pessoa amar,
Só tendo seu amor também...

Olhou bem p'ra mim e disse:
— Eu também pensava assim...
Eu só dava o meu amor
P'ra quem fosse bom pra mim.
Mas, vejo que o coração
É quem elege a paixão,
Pois é ele quem diz 'sim'!

Pensei que só um poeta
Podia me compreender...
Mas vejo que, nesta vida,
Só entende o meu sofrer
Quem pena na própria alma!
Depois me disse, com calma:
— É esse o meu padecer!

Tinha uma jura comigo
Por ser muito opiniosa,
Dizia, com meus botões:
O amor é uma prosa!
Eu, só gosto do dinheiro
E quem tiver de balseiro,
Pode vir que sou fogosa!

Eu vivia, bem tranqüila,
A minha vida mundana.
Mergulhada na orgia,
Na farra, bebendo cana.
Mas, um dia, ouvi então
Uma bonita canção
De uma voz sobre-humana...

Quando aquela voz ouvi,
Tudo mudou, de repente.
Meu olhar de meretriz
Viu foi um anjo na frente!
Segui o vulto e a melodia
E acordei, no outro dia,
Em estado sorridente...

Só me lembro de que ouvi
Na matriz, tocar o sino;
Mas aquele canto, então
Transformou o meu destino!
Com sua voz de tenor,
A vida teve sabor
Com Vicente Celestino...

Sim, foi Vicente Celestino!
Com sua voz celestial,
Deu brilho à minha existência
De um jeito tão natural,
Levando-me ao martírio:
Como num doce delírio,
De um sonho sentimental...

Lembro o ano de quarenta,
Quando Vicente gravou
Bela canção: 'Serenata',
Que no meu peito cravou...
Quando a flecha de Cupido
Fez-me perder o sentido,
Minh'alma se esfacelou...

Comprava tudo o que via,
Com matéria referente
A qualquer simples menção
Que me lembrasse o Vicente.
E qualquer fotografia,
Em qualquer lugar que eu via
Eu tomava de presente...

Enfeitar o meu quarto,
Era a minha distração.
Não dava mais rendimentos
Para a dona da pensão...
Botei os clientes de lado
E só o meu príncipe encantado
Era o astro da canção.

Às vezes, desilusão
Como a faca o peito corta...
M'esquecia, por uns dias...
De sofrer, estava morta
Não comia e nem bebia,
Só ouvindo a melodia
Batendo na minha porta...

Quiseram me internar,
Pensando que eu estava louca!
Do Vicente Celestino,
Toda música era pouca...
Contemplava o seu retrato
Na parede do meu quarto,
Chorava de ficar rouca...

Juntei as economias
E um gramofone comprei,
Para botar no meu quarto.
Meu cantinho incrementei:
Só meu e de Celestino,
Pois assim quis o destino
E, dessa forma, optei...

Ficava encantada, ouvindo,
'Qual uma chuva de prata'
Quedava paralisada,
Curtindo a bela sonata:
'Noite alta, céu risonho,
A quietude é quase um sonho
E o luar cai sobre a mata...'

De repente, levantava-me
E escolhia um retrato:
Atracava-me a ele,
Como quem prova um bom prato;
Dava beijos de montão
Embolava pelo chão,
E o mastigava no ato.

Certa vez, aconteceu:
Uma noite, eu me excedi
Com as fotos do Vicente.
Além da conta bebi
E do jeito que faz o gato,
Fui lambendo o seu retrato
Logo depois, o comi...

Mastiguei todas as fotos
Que eu tinha do trovador.
Numa atitude impensada,
P'ra saciar meu amor!
Degustei, com avidez
(Foi essa a primeira vez
Que devorei o cantor!)

Daquele dia em diante,
Fiquei meio envergonhada...
E procurei esquecê-lo,
Voltando à velha jornada;
Nos braços de outros mais,
Procurando estar em paz
Mas vivendo angustiada...

O tempo foi se passando
E eu dele não esquecia.
Via-o sempre à minha frente:
Olhava p'ra mim e sorria
E o meu peito em carne viva,
'O Ébrio' ou a 'Patativa',
Gritava Elvira Maria!

P'ra conseguir mais retratos,
Escrevi p'ra gravadora.
Pedi fotos de Vicente,
Que figura encantadora!..
Chegaram-me as cartinhas
Com vinte fotos novinhas
Cada qual mais sedutora...

Nessa noite, tomei todas
E comi logo umas três...
Acompanhando a cerveja,
Comi quatro, cinco, seis
(Ia morrendo engasgada
Com uma foto amarelada;
Quase que vou desta vez!)

TÍTULOS PUBLICADOS

1. Patativa do Assaré
2. Cuíca de Santo Amaro
3. Manoel Caboclo
4. Rodolfo Coelho Cavalcante
5. Zé Vicente
6. João Martin de Athayde
7. Minelvino Francisco Silva
8. Expedito Sebastião da Silva
9. Severino José
10. Oliveira de Panelas
11. Zé Saldanha
12. Neco Martins
13. Raimundo Santa Helena
14. Téo Azevedo
15. Paulo Nunes Batista
16. Zé Melancia
17. Klévisson Viana
18. Rouxinol do Rinaré
19. J. Borges
20. Franklin Maxado
21. José Soares
22. Francisco das Chagas Batista

Edição	Jorge Sallum
Co-edição	Bruno Costa
Capa e projeto gráfico	Júlio Dui e Renan Costa Lima
Programação em LaTeX	Marcelo Freitas
Assistente editorial	Janaína Navarro
Colofão	Adverte-se aos curiosos que se imprimiu esta obra nas oficinas da gráfica Bandeirantes em 27 de março de 2014, em papel off-set 90 gramas, composta em tipologia Walbaum Monotype de corpo oito a treze e Courier de corpo sete, em plataforma Linux (Gentoo, Ubuntu), com os softwares livres LaTeX, DeTeX, vim, Evince, Pdftk, Aspell, svn e TRAC.